BEI GRIN MACHT SICH IHR WISSEN BEZAHLT

- Wir veröffentlichen Ihre Hausarbeit,
  Bachelor- und Masterarbeit

- Ihr eigenes eBook und Buch -
  weltweit in allen wichtigen Shops

- Verdienen Sie an jedem Verkauf

Jetzt bei www.GRIN.com hochladen
und kostenlos publizieren

Rafael Beck

Einführung in die Trendsportart Headis

„Alles eine Frage der Platzierung" - unter Druck setzen des Gegners im Headis unter besonderer Berücksichtigung der Platzierung des Balles im gegnerischen Feld mittels Kopfstoßvariationen

GRIN Verlag

Bibliografische Information der Deutschen Nationalbibliothek:

Die Deutsche Bibliothek verzeichnet diese Publikation in der Deutschen National-bibliografie; detaillierte bibliografische Daten sind im Internet über http://dnb.d-nb.de/ abrufbar.

Impressum:

Copyright © 2014 GRIN Verlag GmbH
Druck und Bindung: Books on Demand GmbH, Norderstedt Germany
ISBN: 978-3-656-64274-9

Dieses Buch bei GRIN:

http://www.grin.com/de/e-book/271939/einfuehrung-in-die-trendsportart-headis

GRIN - Your knowledge has value

Der GRIN Verlag publiziert seit 1998 wissenschaftliche Arbeiten von Studenten, Hochschullehrern und anderen Akademikern als eBook und gedrucktes Buch. Die Verlagswebsite www.grin.com ist die ideale Plattform zur Veröffentlichung von Hausarbeiten, Abschlussarbeiten, wissenschaftlichen Aufsätzen, Dissertationen und Fachbüchern.

Besuchen Sie uns im Internet:

http://www.grin.com/

http://www.facebook.com/grincom

http://www.twitter.com/grin_com

Abgabedatum

Studienreferendar

Ausbildungsgruppe   Prüfungsgruppe

Unterrichtsentwurf

Prüfungsunterricht Nr.

Unterrichtsfach   **Sport**

Themenbereich gem. APVO-Lehr §14 (5)
Einführung in die Trendsportart Headis

Thema der Stunde
„Alles eine Frage der Platzierung" - unter Druck setzen des Gegners im Headis unter besonderer Berücksichtigung der Platzierung des Balles im gegnerischen Feld mittels Kopfstoßvariationen

Schulform (*Stufe*)   Berufsschule – Industriekaufmann/Industriekauffrau (*Unterstufe*)

Lerngruppe   Fachlehrkraft

Unterricht   Tag   Ort
                   Zeit   Raum   Sporthalle Teil B

Besprechung   Zeit   Raum

Prüfungsausschuss
Vorsitz
Fachleitung Fachrichtung
Fachleitung Unterrichtsfach
Leitung Pädagogisches Seminar
Schulleitung

1 Analyse des Bedingungsfeldes

1.1 Strukturdaten der Klasse

Die Lerngruppe befindet sich in der Unterstufe der Berufsschule des Ausbildungsberufes Industriekaufmann/Industriekauffrau. An zwei Tagen in der Woche absolvieren die Schülerinnen und Schüler (SuS) den schulischen Teil der dualen Berufsausbildung. Die Klasse besteht aus zehn Schülerinnen und zehn Schülern, deren Alter zwischen 16 und 22 Jahren liegt. Die Strukturdaten, einschließlich einer Kompetenzeinschätzung und der ausgeübten Sportarten sowie der bisher erteilten Noten der SuS, sind der Anlage 1 zu entnehmen. Eine Fotoliste inklusive Nummernschlüssel liegt am Tag des Prüfungsunterrichts aus.

1.2 Beurteilung der Klassensituation

Die **Leistungsbereitschaft** der SuS kann insgesamt als sehr gut eingestuft werden. Die SuS zeigen diese, indem sie Spiel- und Übungsformen konzentriert durchführen und sich in kognitiven Phasen aktiv am Unterricht beteiligen. Zudem reflektieren sie den Unterricht aufmerksam und differenziert. Es lässt sich insgesamt eine für die Lehrkraft angenehme Bewegungsfreude feststellen.

Das **Leistungsvermögen** im Sportunterricht wird, auf Grundlage der vorangegangenen und der aktuellen Unterrichtseinheit, mit wenigen Ausnahmen als gut bis sehr gut beschrieben. Die SuS 2 und 16 sind aufgrund von Knieproblemen in deren Beugefähigkeit leicht eingeschränkt.

Das **Arbeitsverhalten** der SuS entspricht den Erwartungen im vollen Umfang. Dadurch herrscht ein angenehmes und kooperatives Lernklima, welches zudem das als positiv zu bezeichnende **Sozialverhalten** der SuS widerspiegelt. Sie agieren und kommunizieren freundschaftlich miteinander und helfen sich untereinander, was sie bereits in der durchgeführten Unterrichtseinheit Tischtennis gezeigt haben.

1.3 Analyse der Schülerkompetenzen

Bei den Schülerkompetenzen, bezogen auf die **Sachkompetenz** im Rückschlagspiel Headis, ist ein starker Lernfortschritt zu beobachten. Es handelt sich bei den SuS um Anfänger/innen, da keine/r bereits Erfahrungen in dieser Trendsportart besitzt. Die Lernenden 1, 3, 9, 15 und 16 profitieren jedoch von ihrer Kopfstoßerfahrung aus dem Fußball. Alle SuS beherrschen bislang erste Grundtechniken (Grundstellung, Grundstoß, Seitstoß, Aufschlag, Volley) und deren taktische Einsatzmöglichkeiten, wobei sich bei den SuS 11, 13 und 20 ein besonderes Talent abzeichnet. Die **Selbstkompetenz** ist unterschiedlich stark ausgeprägt. Während einige SuS eine durchschnittliche Selbstreflexion und Eigeninitiative zeigen, zeichnet dies andere SuS wiederum aus. Die **Sozialkompetenz** schätze ich als sehr positiv ein. Allgemein ist Hilfsbereitschaft und gegenseitiger Respekt vorherrschend. Dies zeigt sich u.a. darin, dass die SuS in jeder beliebigen Organisationsform zielorientiert miteinander kooperieren, fair konkurrieren und Konfliktsituationen schnell und selbstständig lösen.

1.4 Situation des Referendars

Seit Beginn des zweiten Schulhalbjahres 2013/2014 lehre ich in Rahmen meines betreuten Unterrichts in dieser Lerngruppe. Zuvor habe ich bereits bei dem Fachlehrer Herrn Kramer hospitiert, um die Lerngruppe kennenzulernen. Bisher habe ich sowohl eine Unterrichtseinheit zum Thema Kooperation und Kommunikation durchgeführt als auch zum Thema Tischtennis. Ich werde von den SuS als Lehrkraft vollkommen akzeptiert und respektiert, sodass das Verhältnis zwischen den SuS und mir durch Aufgeschlossenheit und Freundlichkeit geprägt ist. In Bezug auf Headis habe ich in den letzten Wochen eingehende Erfahrungen in meiner Freizeit gesammelt. Dadurch traue ich mir technische Demonstrationen zu und fühle mich handlungssicher.

1.5 Räumlich-organisatorische Bedingungen

Der Sportunterricht findet montags in der fünften und sechsten Stunde (11:30 Uhr – 13:00 Uhr) im Teil B der Sporthalle statt. Es befinden sich zu dieser Zeit keine anderen Lerngruppen in der Halle, sodass das Abspielen von Musik, welches zur Trendsportart Headis in der Regel dazugehört, ohne Probleme möglich ist. Auf die Nutzung der anderen beiden freien Hallendrittel wird aufgrund der Übersichtlichkeit verzichtet. Außerdem stellt, aus organisatorischer Sicht, die Anzahl der verfügbaren Tischtennis-Tische den limitierenden Faktor dar. Zu jedem der fünf vorhandenen Tische ist ein selbst gebautes Netz und ein Headis-Ball verfügbar. Am Ende des Prüfungsunterricht müssen lediglich die Headis-Netze abgebaut werden, da eine andere Lerngruppe derzeit in der siebten und achten Stunde Tischtennis spielt.

2 Didaktisch-methodische Konzeption

2.1 Analyse der curricularen Vorgaben

Die zugrunde liegenden Ordnungsmittel für den Prüfungsunterricht im Unterrichtsfach Sport stellen die „Bestimmungen für den Schulsport" (Niedersächsisches Kultusministerium 2011) und die „Rahmenrichtlinien für das Fach Sport an Berufsschulen und Berufsfachschulen" (Niedersächsisches Kultusministerium 2002) dar. Außerdem existiert ein schulischer Stoffverteilungsplan, der sich an den genannten Rahmenrichtlinien orientiert (Handelslehranstalt Hameln 2007).

In Bezug auf die Bestimmungen für den Schulsport ist Headis dem ersten Lern- und Bewegungsfeld „Spielen" und bezüglich des schulischen Arbeitsplans den „Einzelsportarten" zuzuordnen. Durch das explizite Aufführen des Inhalts „neue Sportarten/Trendsportarten" im Kompetenzbereich „Sport-, Spiel- und Bewegungsformen lernen" in den Bestimmungen für den Schulsport wird die Durchführung einer Unterrichtseinheit Headis legitimiert. In den Hinweisen wird darauf aufmerksam gemacht, dass Trendsportarten eine Chance bieten Freude an neuen Bewegungsformen zu wecken, die Sportvielfalt darzustellen und eine sinnvolle Freizeitgestaltung zu initiieren.

Im Prüfungsunterricht steht innerhalb dieses Kompetenzbereichs die Verbesserung der allgemeinen und speziellen Sportspielfähigkeit im Fokus, da in der Vorstruktur bereits die grundlegenden Headis-Techniken erlernt wurden. Das gezielte Üben verschiedener Kopfstoßvariationen in Hinblick auf die Platzierung des Balles im gegnerischen Feld spricht zudem den Inhalt „Verbesserung von motorischen Grundeigenschaften" an. Innerhalb der kognitiven Phasen wird ebenfalls der Inhalt „Analyse von Bewegungen und Bewegungsabläufen" umgesetzt, da die Bedingungsfaktoren eines platzierten Kopfstoßes erarbeitet werden. Der zweite Schwerpunkt im Unterricht liegt auf dem Kompetenzbereich „sozial Handeln". Die SuS handeln innerhalb eines Stationenlernens sowie innerhalb von Spielformen im Team und geben sich gegenseitig Feedback, was die Inhalte „Teamarbeit im Sport", „Hilfsbereitschaft zeigen, Hilfe geben und annehmen" und „Berücksichtigung von Regeln und sozialen Normen" in besonderem Maße anspricht.

2.2 Ziele und Struktur der Makrosequenz (Unterrichtseinheit)

Ziele der Makrosequenz (Unterrichtseinheit):

Die SuS entwickeln ihre spezielle Sportspielfähigkeit in der Trendsportart Headis, indem sie technische Elemente unter taktischen Problemstellungen erarbeiten, in Spiel- und Übungsformen anwenden und in einer Turnierform am Ende der Unterrichtseinheit überprüfen.

Struktur der Makrosequenz (Unterrichtseinheit):

Die Unterrichtseinheit (Anlage 2) verfolgt einen, nach den Prinzipien des sportdidaktischen Konzepts „Teachings Games for Unterstanding" (TGfU), taktikbasierten Aufbau. Die Phasen der Makrosequenz orientieren sich an folgenden (ausgewählten) taktischen Niveaustufen:

1. Eigene Fehler vermeiden
2. Gegnerische Punktgewinne vermeiden
3. Gegner unter Druck setzen
4. Eigene (direkte) Punkte erzielen

Die einzelnen Unterrichtsstunden sind sachorientiert und folgen einer spielgemäßen Unterrichtskonzeption unter Betonung taktischer Problemstellungen (Müller et al. 2009, S. 52ff.). Die Unterrichtseinheit ist einem offenen Unterrichtskonzept mit einem geringen Grad an Mitentscheidungsmöglichkeiten zuzuordnen (Hildebrandt und Laging 1981, S. 26). Der Vermittlungsrahmen ist so getroffen, um effektiv gesetzte Ziele zu erreichen. Dabei steht das Erlernen headisspezifischer Kopfstoßtechniken, unter besonderer Berücksichtigung ihrer Anwendung innerhalb der taktischen Grundstruktur, im Zentrum. Integrativ werden Regeln und die Bein-/Fußarbeit vermittelt. Der gezeigte Prüfungsunterricht bildet innerhalb der Unterrichtseinheit den Übergang von der dritten zur vierten taktischen Niveaustufe, indem bereits erlernte Kopfstoßarten, in Bezug auf die Platzierung des Balles im gegnerischen Feld, mittels Stationenlernen geübt werden. In der Vorstruktur wurden somit alle grundlegenden Techniken in Hinblick auf die jeweils gewählte taktische Niveaustufe erarbeitet. Die letzten zwei Unterrichtsstunden der Folgestruktur dienen der Leistungsbewertung.

2.3 Sachstruktur (Concept-Map)

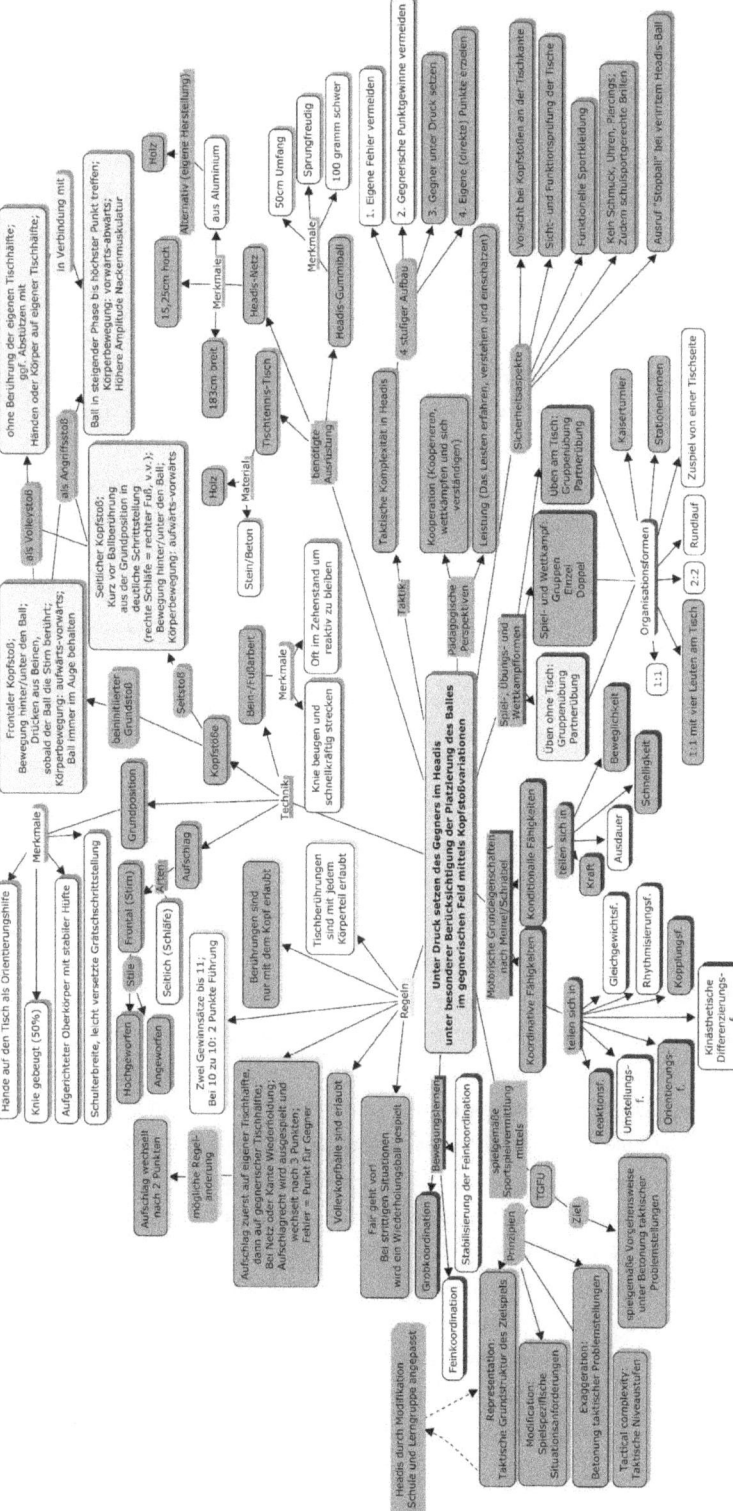

Quelle: Eigene Darstellung (nach Wegner und Weins 2010, S. 22 ff.; Wegner und Dansberg 2011, S. 6 ff.; Becker 2013, S. 19 ff.)

Legende – Einfärbung:
Rot eingefärbt: Begriffe sind Thema der Stunde

Legende – Schattierung:
Die Hauptäste sind zur besseren Lesbarkeit
andersfarbig schattiert

4

2.4 Begründungen zur Auswahl und Reduktion der Lerninhalte

Headis als Trendsportart erlebt momentan einen großen Zuspruch. Daher stellt es eine optimale Plattform dar, um die derzeitige Trendsportentwicklung in Deutschland zu thematisieren und die SuS dafür zu begeistern. Der hohe Aufforderungs- und Motivationscharakters trägt zu einer positiven Lernatmosphäre bei. Da mit dieser Sportart noch niemand in Berührung gekommen ist, wurde zu Beginn keine Sachkompetenz vorausgesetzt. Damit dem hohen Leistungsstand der Gruppe entsprochen werden kann, ist Headis in Verbindung mit dem TGfU-Konzept eingeführt worden, um eine Reflexion der Taktik gewährleisten zu können. Im Fokus der Prüfungsstunde steht die Niveaustufe „den Gegner unter Druck setzen". Damit einhergehend folgt ein Übergang in die höchste Stufe „eigene (direkte) Punkte erzielen". Dies geschieht, um den Wettkampfcharakter hervorzuheben. Die Umsetzung findet mittels platzierten Kopfstoßvariationen statt, da die genaue Platzierung von Bällen die risikoärmste Art des „unter Druck setzens" darstellt. Andere Druckmittel, wie ein Volleystoß oder das aggressive Angreifen, birgt die große Gefahr des eigenen Fehlers. Die Grundtechniken sind in den letzten Stunden erarbeitet worden und eine Vertiefung unter dem Aspekt der genauen Platzierung bietet sich zur Festigung an. Die SuS sollen die erworbenen Techniken variabel, jedoch nicht unüberlegt anwenden können.

Die Inhalte der einzelnen Stationen wiederholen sich hinsichtlich der Platzierung des Balles auf der Längs- und Querachse im gegnerischen Feld und der Kopfstoßarten. Durch eine immer andere Kombination wiederholen die SuS die variable Anwendung der Techniken unter wechselnden Aufgabenstellungen. Um sie für die Variabilität der Kopfstöße hinsichtlich der Platzierung zu sensibilisieren, werden zudem vier grundlegende Bedingungsfaktoren (Stellung des Oberkörpers, Kopftreffpunkt, Beinarbeit und Treffpunkt des Balles innerhalb der Flugphase) für eine genaue Platzierung herausgearbeitet.

2.5 Begründungen zur Methodik und zum Medieneinsatz

Begonnen wird der Prüfungsunterricht mit einer kurzen Vorstellung des Stundenthemas, um die SuS auf die Sportstunde einzustimmen. Gefolgt wird dieser Schritt von der **Aufwärm-phase**, die sich in allgemein und spezifisch aufteilt. Damit soll das Unfall- und Verletzungsrisiko minimiert werden. Durch die **erste kognitive Phase** erhalten die SuS im Lehrer-SuS-Gespräch eine erste Vorstellung zur Lösung des taktischen Problems: „Wie setze ich den Gegner unter Druck?". Gleichzeitig findet die Schwerpunktsetzung auf die Ballplatzierung statt, da die Vertiefung anderer Bedrängungsvarianten die Technikausführung beeinträchtigen könnte. Die folgenden Phasen in denen die SuS aktiv sind, werden von aktueller Musik untermalt, um den Trendsportcharakter von Headis zu unterstreichen. In der **Erarbeitungs-phase** vertiefen die SuS die Grundtechniken unter dem Aspekt der Platzierung mittels Stationenlernen. Dies stellt eine abwechslungsreiche Übungsmöglichkeit dar. Durch verschiedene Anforderungslevel in Form eines Ampelsystems wird den SuS zudem eine Binnendifferenzierung geboten, um leistungsstarke SuS an ihre Grenzen zu bringen ohne dabei leistungsschwache SuS zu überfordern. Eine Rundlaufform innerhalb der Stationen stellt außerdem sicher, dass eine hohe Stoßfrequenz erreicht wird.

In der **zweiten kognitiven Phase** werden die SuS für die Kontrolle der Technikausführung sensibilisiert und erhalten dadurch ein Verständnis für die Bewegungsausführung. Der Einsatz von Symbolkarten fungiert hierbei als einfache Visualisierung komplexer Bedingungsfaktoren. Die Ableitung zweier Schwerpunkte für die folgende Phase dient der Fokussierung des gegenseitigen Feedbacks und damit der Überforderungsvermeidung in Bezug auf die Wahrnehmung. In der **Vertiefungsphase** wird die Organisationsform innerhalb der Stationen verändert, um ein wechselseitiges SuS-Feedback zu ermöglichen. Letztendlich findet das gefestigte Anwenden im freien Spiel mittels eines Partnerwettkampfes statt (**Anwendungsphase**). Dieser bietet die Möglichkeit im Miteinander, gegeneinander zu spielen und damit die Förderung der Sachkompetenz mit der Förderung der Sozialkompetenz zu verbinden. Um die vertiefte Variabilität der Stöße in Bezug auf die Platzierung zu fördern, wird ein platzierter Stoß, den der Gegner nicht mehr erreicht, mit einem dreifachen Punktgewinn belohnt. Durch die **Abschlussreflexion** wird den SuS durch gezielte Lehrerfragen die Möglichkeit gegeben ihre Eindrücke zu reflektieren. Zudem wird der Unterrichtsschwerpunkt in einen taktischen Gesamtzusammenhang gesetzt. Die Reflexion fördert somit das vernetzte Denken der SuS und gibt den Stundeninhalten einen tieferen Sinn.

2.6 Ziele des Unterrichts

Stundenziel

Die SuS erweitern ihre spezielle Sportspielfähigkeit in der Trendsportart Headis, indem sie die bereits erlernten Stoßarten in einem Stationenlernen vertiefen und platzierte Kopfstoßvariationen im freien Spiel anwenden, um den Gegner unter Druck zu setzen.

Lern- und Handlungsziele

Die SuS ...

LZ 1   ... stellen taktikbezogene Möglichkeiten heraus, um den Gegner unter Druck zu setzen (*Sachkompetenz*).

LZ 2   ... vertiefen die bereits erlernten Techniken in Hinblick auf die Platzierung des Balles im gegnerischen Feldes mithilfe verschiedener Stationen (*Sachkompetenz*).

LZ 3   ... erarbeiten mithilfe von Symbolkarten die Bedingungsfaktoren zur erfolgreichen Platzierung des Balles (*Sachkompetenz*).

LZ 4   ... korrigieren wechselseitig ihre Bewegungsausführung unter Beobachtung der Schwerpunkte Beinarbeit und Kopftreffpunkt (*Sozialkompetenz*).

LZ 5   ... wenden Kopfstoßvariationen im Partnerwettkampf, zur Bedrängung des Gegners und Erzielung eigener Punkte, an (*Sachkompetenz*).

LZ 6   ... reflektieren die erlebten Eindrücke hinsichtlich taktischer Möglichkeiten, die eine genaue Platzierung des Balles bietet (*Sachkompetenz*).

3 Geplanter Unterrichtsverlauf

Thema der Unterrichtsstunde: „Alles eine Frage der Platzierung" - unter Druck setzen des Gegners im Headis unter besonderer Berücksichtigung der Platzierung des Balles im gegnerischen Feld mittels Kopfstoßvariationen

Phase Zeit(Dauer) Lern- und Handlungsziele	Lehr- und Lernaktivitäten Inhalte	Didaktisch-methodische Überlegungen	Methoden, Medien, Materialien, Sportgeräte, Organisation
Unterrichts-vorbereitung	- L. besorgt alle nötigen Materialien für reibungslosen Unterrichtsablauf - Früh umgezogene S. stellen Technikecke - L. hängt erarbeitete Lernplakate aus vorangegangenen Unterrichtsstunden auf	Ritualisierte Technikecke (Sitzecke in U-Form) Auf „Pfiff" versammeln sich S. in der Technikecke Als L.-Demonstrationsspielfeld dient der blaue TT-Tisch Zur Unterstreichung des Trendsportcharakters wird in allen S.-Aktivitätsphasen Musik abgespielt	Vier Langbänke Kleiner Kasten als Ballreservoir Fünf TT-Tische Fünf Headis-Bälle Fünf Headis-Netze Kreppband und farbiges Papier für Tischmarkierungen Kleiner Kasten für Getränke Stationskarten Beobachtungsauftrag Symbolkarten Lernplakate MP3-Player + Lautsprecherbox Whiteboard + Stift Magnete
Eröffnung ca. 5 Minuten 11:35Uhr[1] – 11:40Uhr	- Begrüßung, Feststellung der Anwesenheit und Sorgfaltspflicht (Schmuck, Kaugummi, Sportsachen, Getränke) - L. bittet S. Inhalte der letzten Stunde zusammenzufassen - L. deutet Thema der Unterrichtsstunde an und skizziert Verlauf der Sportstunde.	S. sitzen in Technikecke Impuls-setzender Lehrervortrag im Plenum Auch in dieser Unterrichtsstunde achten die S. auf die eigene Sicherheit und auf die der Mitschüler	Lernplakat zur Grundposition und zum Grundstoß (Anlage 3) Lernplakat zum Kopfseitstoß (Anlage 4)
Aufwärmphase (allgemein und spezifisch) ca. 5 Minuten 11:40Uhr – 11:45Uhr	- S. stellen sich an Kopfseite des Hallendrittels auf und L. demonstriert funktionsgymnastische Bewegungsaufgaben → Schwerpunkt auf Oberschenkel- und Nackenmuskulatur - S. finden sich zunächst in Paaren (männlich/weiblich) und anschließend in fünf Vierergruppen zusammen. Aufstellung ca. drei Meter voneinander entfernt, Zuwerfen eines S. zu gegenüberstehenden S., diese köpfen zurück (Wechsel nach drei Zuwürfen)	Verbaler Impuls zur Aufwärmung im Plenum Die sportartspezifische Aufwärmung hilft Verletzungsrisiko zu mindern S. wiederholen implizit Inhalte zum Grundstoß Alternative: Bei weniger aktiven S. wird Gruppeneinteilung angepasst, gilt auch für die nachfolgenden Phasen	L.-Demonstration S.-Aktivität in Einzelübung S.-Aktivität in Gruppenübung Fünf Headis-Bälle
Kognitive Phase I ca. 5 Minuten 11:45Uhr – 11:50Uhr LZ 1	- L. bittet S. in Technikecke - L. fragt, welche Möglichkeiten bestehen, um Gegner unter Druck zu setzen - S. antworten und L. notiert am Whiteboard - L. stellt platzierte Kopfstoßvariationen als geeignete Druckmittel heraus und leitet in Stationenlernen über	L.-S.- Gespräch in Technikecke S. erhalten erste Vorstellung zur taktischen Problemlösung (Gegner unter Druck setzen) L. leitet durch Impuls nächste Phase ein	Fragend-entwickelnder Unterricht Gelenktes Unterrichtsgespräch Whiteboard + Stift Erwartungshorizont der kognitiven Phase I (Anlage 5)

---

[1] Erfahrungsgemäß fängt der Unterricht mit fünfminütiger Verspätung an. Dies ist dem Umziehen der S. und dem Abschließen der Umkleiden geschuldet.

Beginn des Prüfungsunterrichts: 12:00Uhr / In der kommenden Phase beginnt der Prüfungsunterricht

Erarbeitungsphase (Stationenlernen Teil 1) ca. 20 Minuten 11:50Uhr – 12:10Uhr LZ 2	- S.-Gruppen werden aus Aufwärmphase übernommen, jede Gruppe erhält Stationskarte und Material - S.-Gruppen bauen Stationen auf und analysieren Aufgabenstellungen - S.-Gruppen demonstrieren jeweils Aufgaben ihrer Station - S.-Gruppen durchlaufen nacheinander alle Stationen im Uhrzeigersinn - Passive S. erhalten Beobachtungsauftrag	Stationenlernen zur Vertiefung gibt Möglichkeit bereits erlernte Techniken in Hinblick auf Platzierung des Balles im gegnerischen Feld differenziert zu üben Durchführung innerhalb Stationen findet als Zuspiel-Rundlauf statt. Dies stellt erhöhte koordinative Anforderungen an S. (Zeit-, Präzisions-, Situationsdruck)	Hallenaufbauplan (Anlage 6) Stationskarten (Anlage 7) + Materialien Fünf TT-Tische Fünf Headis-Bälle Fünf Headis-Netze Musik Stationswechsel erfolgt nach zwei Minuten durch Musikunterbrechung Beobachtungsauftrag (Anlage 8)
Kognitive Phase II ca. 5 Minuten 12:10Uhr – 12:15Uhr LZ 3	- L. befragt passive und aktive S. → Wovon hängt eine genaue Platzierung des Balles im gegnerischen Feld ab? → Was ist schwierig/wichtig? → Wann gelingt ein platzierter Stoß? - Im Unterrichtsgespräch werden zentrale Bedingungsfaktoren herausgearbeitet - L. visualisiert Ergebnisse am Whiteboard - L. setzt Schwerpunkt auf die Punkte „Beinarbeit" und „Kopftreffpunkt" - Lehrerimpuls: „In der Vertiefungsphase bekommt nun jeder die Möglichkeit die Kopfstoßvariationen noch mal zu üben. Gebt Euch in der Gruppe gegenseitig Feedback zu der Beinarbeit und zum Kopftreffpunkt."	L. – S. Gespräch in Technikecke S. werden für Kontrolle der Technikausführung sensibilisiert und erhalten Verständnis für Bewegungsausführung L. leitet durch Impuls nächste Phase ein	Fragend-entwickelnder Unterricht Gelenktes Unterrichtsgespräch Erwartungshorizont der kognitiven Phase II (Anlage 9) Symbolkarten (innerhalb Anlage 9) Whiteboard+Stift Magnete
Vertiefungsphase (Stationenlernen Teil 2) ca. 15 Minuten 12:15Uhr – 12:30Uhr LZ 2 LZ 4	- L. demonstriert Änderung der Organisation innerhalb der Stationsarbeit am TT-Tisch - Nichtspielendes Paar beobachtet Spielende, gibt Feedback und korrigiert - Passive S. klinken sich bei jeweils einer Station ein und unterstützen bei Beobachtung - S.-Gruppen durchlaufen nacheinander alle Stationen im Uhrzeigersinn - Jede S.-Gruppe baut ihre Station zurück	L.-S.-Demonstration Selbstständiger Wechsel innerhalb des Paares nach fünf Stößen; Wechsel der Paare nach zehn Stößen; Durch das gegenseitige Feedback fördern S. ihre Sozialkompetenz Bewusste Schwerpunktsetzung zur Vertiefung	Darstellender und erarbeitender Unterricht S. Aktivität in Partnerübung Fünf TT-Tische Fünf Headis-Bälle Fünf Headis-Netze Musik Stationskarten (Anlage 7) Stationswechsel erfolgt nach drei Minuten durch Musikunterbrechung
Anwendungsphase ca. 10 Minuten 12:30Uhr – 12:40Uhr LZ 5	- S. wenden Variabilität der Kopfstöße im Partnerwettkampf an - L. verstärkt, motiviert und unterstützt die Durchführung als Spielleiter	Freies Spiel als Partnerwettkampf (geschlechtsintern, Wechsel nach Punkterzielung) Wird der Ball vom Gegner nicht berührt (weil unter Druck gesetzt), erhält S. dreifache Punktzahl <u>Alternative:</u> L. spielt bei ungerader S.-Anzahl mit	S.-Aktivität in Partnerwettkampf Fünf TT-Tische Fünf Headis-Bälle Fünf Headis-Netze Musik

Abschlussreflexion und Abschluss ca. 5 Minuten 12:40Uhr – 12:45Uhr LZ 6	- S. reflektieren Unterrichtsstunde hinsichtlich erlebter Eindrücke und Stundenschwerpunkt - L. wünscht schöne Woche und entlässt S. aus Sportunterricht	Fragend-entwickelnder Unterricht L.-S.-Diskussion Sitzen in Technikecke Gemeinsamer Stundenabschluss	Reflexionsfragen (Anlage 10)

Abkürzungen: L. = Lehrer; S. = Schülerinnen und Schüler; TT = Tischtennis

4 Literaturverzeichnis

Becker, Kirsten (2013): Kopf statt Schläger. Ein Rückschlagspiel der ganz anderen Art: Headis - Kopfballtischtennis - ist eine neue, reizvolle Sportart und motivierend für Lernende jeden Alters. In: Sportpädagogik 37 (3+4), S. 18–21.

Handelslehranstalt Hameln (Hg.) (2007): Arbeitsplan. Stoffverteilungsplan mit Leistungsbewertung. Hameln.

Hildebrandt, Reiner; Laging, Ralf (1981): Offene Konzepte im Sportunterricht. Theoretische Grundlegung, praktische Erfahrungen, Modelle und Beispiele. 1. Aufl. Bad Homburg: Limpert.

Müller, Lutz; Danisch, Marco; Schröder, Thomas (2009): Teaching Games for Understanding: Tischtennis spielen lernen. In: SportPraxis 50 (3+4), S. 52–55. Online verfügbar unter http://www.uni-giessen.de/IfS-SportCasts/wp-content/uploads/tgfu_tischtennis.pdf, zuletzt geprüft am 18.03.2014.

Niedersächsisches Kultusministerium (Hg.) (2002): Rahmenrichtlinien für das Fach Sport an Berufsschulen und Berufsfachschulen. Online verfügbar unter http://www.nibis.de/nli1/bbs/archiv/rahmenrichtlinien/sport.pdf, zuletzt geprüft am 18.03.2014.

Niedersächsisches Kultusministerium (Hg.) (2011): Bestimmungen für den Schulsport. Online verfügbar unter www.mk.niedersachsen.de/download/61315, zuletzt geprüft am 18.03.2014.

Wegner, René; Dansberg, Ingo (2011): Mit dem Köpfchen zum Erfolg: Headis erobert die Schulen. In: SportPraxis 52 (11+12), S. 6–12. Online verfügbar unter http://www.gsg-goettingen.de/uploads/media/SportPraxis_11_12_2011_-_Headis.pdf, zuletzt geprüft am 18.03.2014.

Wegner, René; Weins, Felix (2010): HEADIS - Kopfballtischtennis. Ein Konzept zur Einführung von Kopfballtischtennis in der Schule. In: INFO - Fachbereich Sport (36), S. 22–24. Online verfügbar unter http://www.lehrer.uni-karlsruhe.de/~za343/osa/spinfo/ Artikel%20Heft%2036/Headis-Kopfballtischtennis%20Heft%2036.pdf, zuletzt geprüft am 18.03.2014.

5 Anlagenverzeichnis

Anlage 1: Strukturdaten der Klasse

Anlage 2: Tabellarische Darstellung der Unterrichtseinheit

Anlage 3: Lernplakat zur Grundposition und zum Grundstoß

Anlage 4: Lernplakat zum Kopfseitstoß

Anlage 5: Erwartungshorizont der kognitiven Phase I

Anlage 6: Hallenaufbauplan

Anlage 7: Stationskarten

Anlage 8: Beobachtungsauftrag für passive SuS

Anlage 9: Erwartungshorizont der kognitiven Phase II

Anlage 10: Reflexionsfragen

Anlage 1: Strukturdaten der Klasse

SuS-Nr.	Alter	Schulische Vorbildung	Einschätzung der Kompetenzen			Ausgeübte Sportart	Note Kooperation & Kommunikation[2]	Note TT[3]
			SaK	SeK	SoK			
1	21	Berufl. Gymnasium (FH)	+	++	++	Fußball	1	1
2	16	Realschule (EI)	+	+	++	Cheerleading	1	1-2
3	18	Gymnasium (AH)	++	+	+	Fußball	2	2
4	19	Gymnasium (AH)	+	+	+	Volleyball	1	1
5	21	Berufl. Gymnasium (AH)	0	0	+	Fitness	2	2
6	20	Berufl. Gymnasium (AH)	0	+	+	Fitness	1	2-3
7	21	Berufl. Gymnasium (AH)	0	0	+	Schwimmen	2	2
8	19	Fachoberschule (FH)	+	+	0	Schwimmen	2	2-3
9	19	Fachoberschule (EI)	+	+	+	Fußball	2	2
10	19	Gymnasium (AH)	+	+	0	Boxen	1	1
11	21	Gymnasium (AH)	++	++	++	Fitness	1	1
12	21	Einjährige BFS (EI)	+	+	+	Boxen	1	1-2
13	20	Fachoberschule (FH)	++	+	0	Fitness	1	1
14	19	Gymnasium (AH)	+	+	++	Tennis, Tanz	1	2
15	20	Gymnasium (AH)	++	0	0	TT, Fußball	2	1
16	20	Gymnasium (AH)	++	+	+	Fußball	1	1-2
17	22	Berufsschule (AH)	0	0	+	Reiten	2	2-3
18	19	Fachoberschule (FH)	+	++	+	Laufen	1	2
19	19	Fachoberschule (FH)	+	+	+	Tennis	1	1
20	19	Berufl. Gymnasium (AH)	++	++	++	Volleyball	1	1

Legende:
FH = Fachhochschulreife
EI = Erweiterter Sekundarabschluss I
AH = Allgemeine Hochschulreife
SaK = Sachkompetenz
SoK = Sozialkompetenz
TT = Tischtennis

Schlüssel für Kompetenzbewertung:
++ = überdurchschnittlich
+ = leicht überdurchschnittlich
0 = durchschnittlich

---

[2] Unterrichtseinheit zum Kennenlernen der Klasse. Die Note zählt zur Endnote des Kompetenzbereichs „sozial Handeln"

[3] Summe der Einzelnoten aus den Kompetenzbereichen „Sport-, Spiel- und Bewegungsformen lernen", „sozial Handeln", „Werte und Einstellungen für den Umgang mit sich und anderen entwickeln" sowie „Gesundheit erhalten und fördern"

Anlage 2: Tabellarische Darstellung der Unterrichtseinheit

Thema der Unterrichtseinheit: Einführung in die Trendsportart Headis

Ziele der Unterrichtseinheit: Die SuS entwickeln ihre spezielle Sportspielfähigkeit in der Trendsportart Headis, indem sie technische Elemente unter taktischen Problemstellungen erarbeiten, in Spiel- und Übungsformen anwenden und in einer Turnierform am Ende der Unterrichtseinheit überprüfen.

Stufe/Phase Std. Datum	Thema der Stunde	Ziel der Unterrichtsstunde Die SuS ...	Inhalte	Methoden, Medien, Materialien, Sozialformen
1. Eigene Fehler vermeiden 1./2. 10.03.2014	„Mach bloß keinen Fehler" – die Trendsportart Headis kennenlernen	... erarbeiten die Bewegungsmerkmale des beininitiierten Grundstoßes unter dem Aspekt „eigene Fehler vermeiden", indem sie den Bewegungsablauf anhand eines Videos analysieren, die Technik in kooperativen Spiel- und Übungsformen anwenden und taktische Einsatzmöglichkeiten reflektieren.	→ Sicherheitsregeln → Headis-Regeln → Ballgewöhnung → Grundposition → Aufschlag → Spielform und Gruppenübungen zu beininitiiertem Grundstoß → Kooperativer Rundlauf als Wettkampf	S-Aktivität, Partnerübung, Gruppenübung, 5 Headis-Bälle, 5 Headis-Netze 5 TT-Tische, Langbänke, Kleine Kästen, LSG, Demonstration, Plakat, Video, Beamer + Netbook MP3-Player + Lautsprecherbox
2. Gegnerische Punktgewinne vermeiden & 3. Gegner unter Druck setzen 3./4. 17.03.2014	„Ich kriege ihn, du nicht" - der Kopfseitstoß als probates Mittel sowohl in der Verteildung als auch im Angriff	... erkennen die Möglichkeit eines Kopfseitstoßes zur Vermeidung gegnerischer Punkte, erarbeiten sich den Bewegungsablauf dieser Technik und wenden ihn als Angriffsstoß im freien Spiel an, um den Gegner unter Druck zu setzen.	→ Grundstoß als Angriffsstoß → Kopfseitstoß als Verteidigungs- und Angriffsstoß → Volleystoß → Spielform und Gruppenübungen zum Kopfseitstoß → Spielform zur Bedrängung des Gegners → Bein-/ Fußarbeit → Partner-Wettkampf mit Änderung der Headis-Regeln	S-Aktivität, Gruppenübung, 5 Headis-Bälle, 5 Headis-Netze 5 TT-Tische, Langbänke, Kleine Kästen, LSG, Demonstration, Plakat, MP3-Player + Lautsprecherbox Whiteboard
3. Gegner unter Druck setzen & 4. Eigene (direkte) Punkte erzielen 5./6. 24.03.2014	„Alles eine Frage der Platzierung" - unter Druck setzen des Gegners im Headis unter besonderer Berücksichtigung der Platzierung des Balles im gegnerischen Feld mittels Kopfstoßvariationen	... erweitern ihre spezielle Sportspielfähigkeit in der Trendsportart Headis, indem sie die bereits erlernten Stoßarten in einem Stationenlernen vertiefen und platzierte Kopfstoßvariationen im freien Spiel anwenden, um den Gegner unter Druck zu setzen.	→ Grundposition → Grundstoß als Verteidigungs- und Angriffsstoß → Kopfseitstoß Verteidigungs- und Angriffsstoß → Volleystoß → Beinarbeit → Bedingungsfaktoren für das erfolgreiche Platzieren im gegnerischen Feld → Partner-Wettkampf mit Änderung der Headis-Regeln	S-Aktivität, Gruppenübung, Stationenlernen Stationskarten Beobachtungsauftrag 5 Headis-Bälle, 5 Headis-Netze 5 TT-Tische, Tischmarkierungen Symbolkarten Langbänke, Kleine Kästen, LSG, Demonstration, Plakate, MP3-Player + Lautsprecherbox Whiteboard + Stift Magnete

Abkürzungen: S-Aktivität = Schülerinnen- und Schüleraktivität | VH = Vorhand | ÜK = Überkopf | LSG = Lehrer-Schüler-Gespräch | TT = Tischtennis

Kontrollieren Bewerten 7./8. 31.03.2014	„Der Tag der Entscheidung" – entwicklung einer Turnierform zur Überprüfung der Spielfähigkeit im Headis	... entscheiden sich begründet für eine Turnierform und demonstrieren regelgerecht sowie fair ihre spezielle Sportspielfähigkeit während der Durchführung, indem sie headisspezifische Techniken und Taktiken anwenden.	→ Planung und Organisation einer Turnierform → Darstellung verschiedner Turnier- und Organisationsformen → Durchführung eines Turniers → Siegerehrung mit Urkunden und Gewinn (Headis-Armband) → Abschlussreflexion der Unterrichtseinheit	S-Aktivität, 5 Headis-Bälle, 5 Headis-Netze 5 TT-Tische, Langbänke, Kleine Kästen, Kleine Kästen als Siegertreppchen LSG, Plakate, MP3-Player + Lautsprecherbox Whiteboard Magnete Turnieraufstellung

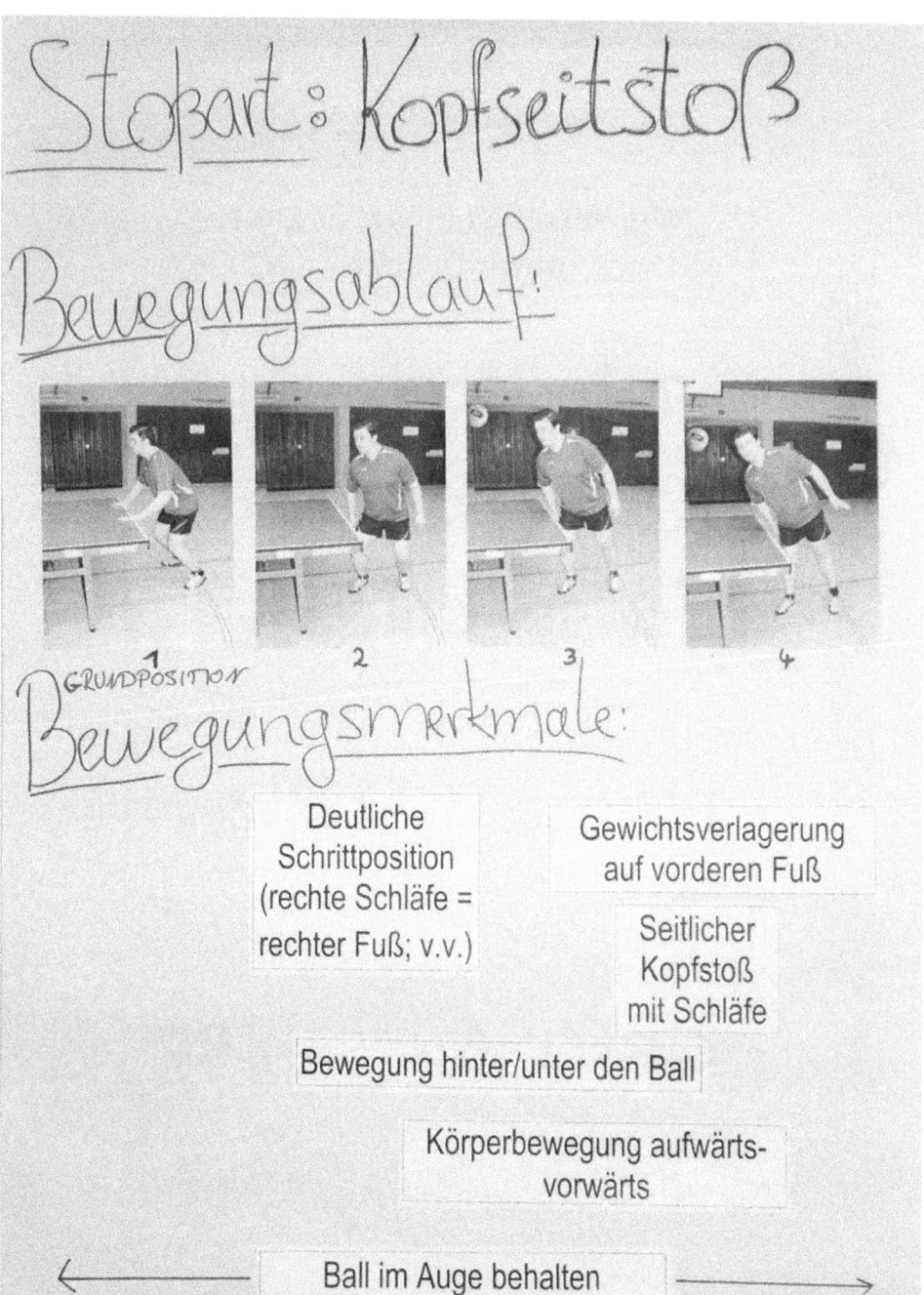

Stoßart: Kopfseitstoß

Bewegungsablauf:

1 GRUNDPOSITION   2   3   4

Bewegungsmerkmale:

| Deutliche Schrittposition (rechte Schläfe = rechter Fuß; v.v.) | Gewichtsverlagerung auf vorderen Fuß |
| Seitlicher Kopfstoß mit Schläfe |

Bewegung hinter/unter den Ball

Körperbewegung aufwärts-vorwärts

← ———— Ball im Auge behalten ————→

Anlage 5: Erwartungshorizont der kognitiven Phase I

Die Grafik bildet die linke Seite des Whiteboards ab. Die Beschriftung sowie Hervorhebung wird mithilfe von Whiteboard-Markern vorgenommen.

> **Wie setze ich einen Gegner unter Druck?**

- Volleystoß
- Aggressiv und offensiv spielen
- Platziert spielen
- Guter Aufschlag

Anlage 6: Hallenaufbauplan

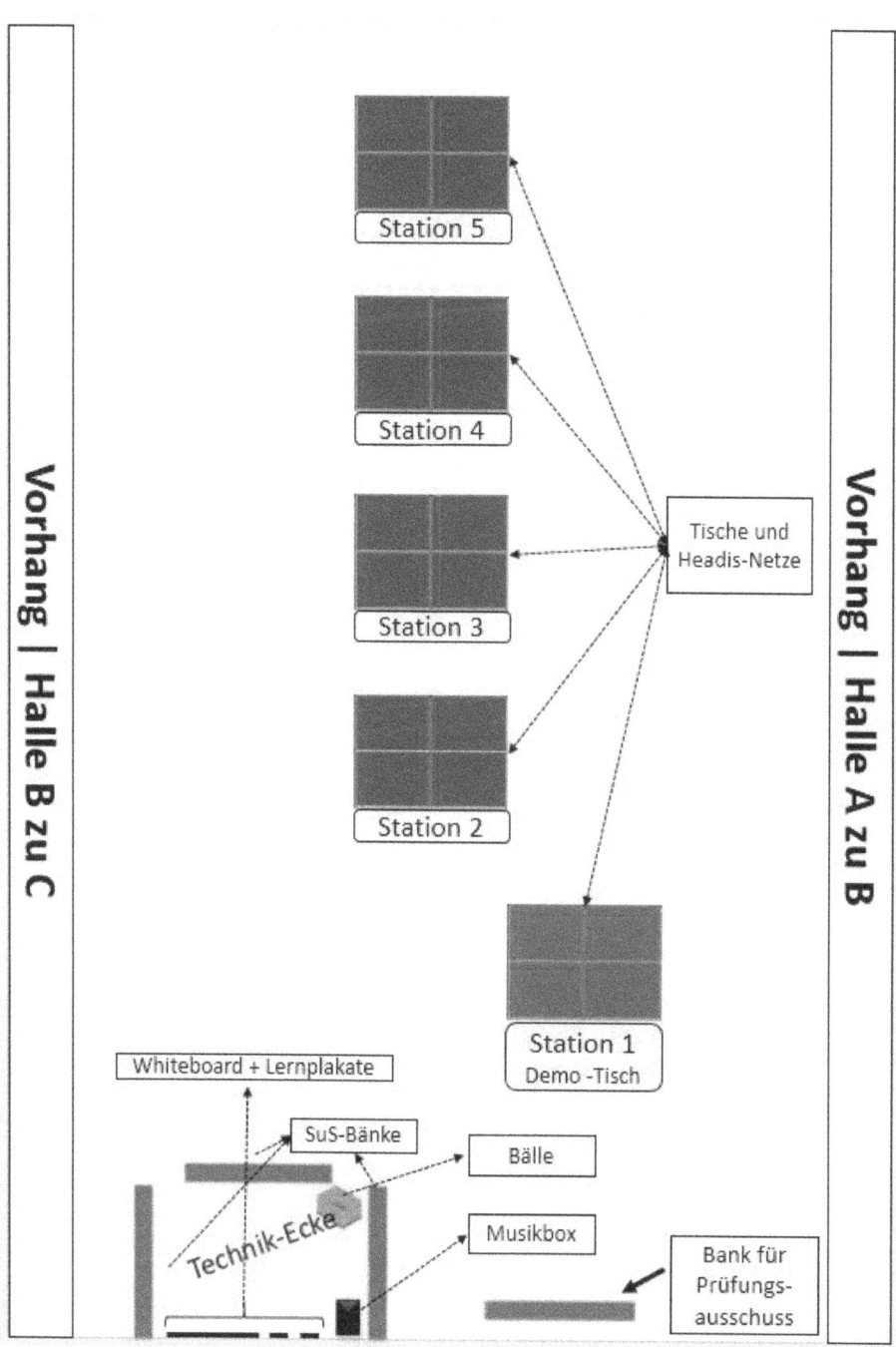

Anlage 7: Stationskarten

STATION 1 – Grundstoß lang/kurz

Organisation:

Rundlauf in der eigenen Gruppe
- **Es gibt drei Positionen:** Spieler, Zuwerfer, Warteposition
- **Ablauf:** (1) Zuwerfer wirft den Ball zu, (2) Spieler stößt den Ball zurück, (3) Zuwerfer fängt den Ball, (4) lässt ihn auf dem Tisch liegen und (5) läuft zur Warteposition. (6) Spieler läuft zur Zuwerfer-Position und (1) wirft dem nächsten Spieler den Ball zu.

Aufgaben (sucht ein Level aus):

Leicht
- Zuwurf lang in Mitte des Tisches
- **Grundstoß** in eine der markierten Flächen

Mittel
- Zuwurf lang in Mitte des Tisches
- **Grundstoß** in eines der weißen Rechtecke

Schwer
- Zuwurf lang in Mitte des Tisches
- Zuwerfer ruft das weiße Rechteck aus, in das gestoßen werden soll (lang/kurz)

Material und Tischvorbereitung:

Ihr benötigt: Kreppband | 2 weiße Blätter
- Bitte markiert mit Kreppband ein Rechteck im vorderen und im hinteren Bereich des Tisches
- Platziert hinten rechts in der Ecke und vorne links hinter dem Netz ein weißes Blatt

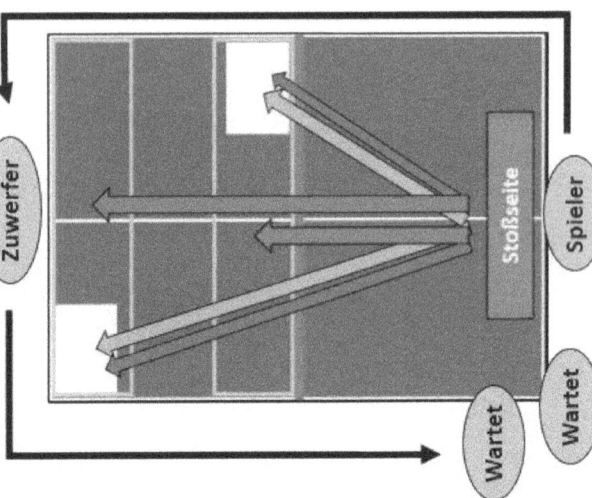

STATION 2 – Grundstoß links/rechts

Organisation:

Rundlauf in der eigenen Gruppe

Es gibt drei Positionen: Spieler, Zuwerfer, Warteposition

Ablauf: (1) Zuwerfer wirft den Ball zu, (2) Spieler stößt den Ball zurück, (3) Zuwerfer fängt den Ball, (4) lässt ihn auf dem Tisch liegen und (5) läuft zur Warteposition. (6) Spieler läuft zur Zuwerfer-Position und (1) wirft dem nächsten Spieler den Ball zu.

Aufgaben (sucht ein Level aus):

Leicht
- Zuwurf in Mitte des Tisches
- Grundstoß in eine der markierten Flächen

Mittel
- Zuwurf in Mitte des Tisches
- Zuwerfer ruft das markierte Feld aus, in das gestoßen werden soll (links/rechts)

Schwer
- Zuwurf variiert über ganze Breite des Tisches
- Grundstoß in eine der markierten Flächen

Material und Tischvorbereitung:

Ihr benötigt: Kreppband

- Bitte markiert mit Kreppband je ein Rechteck links außen und rechts außen im hinteren Bereich des Tisches

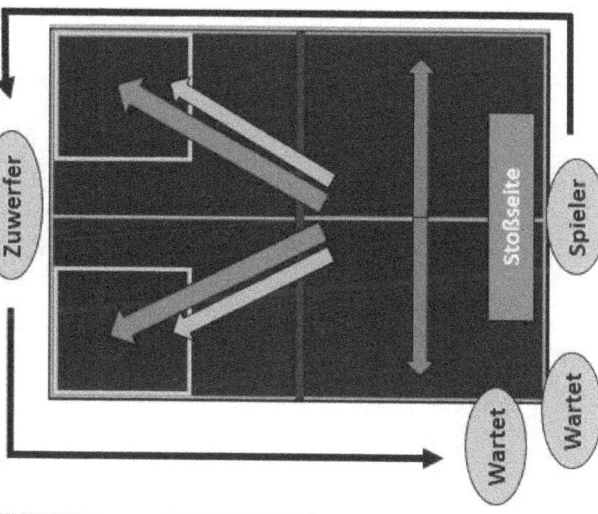

Zuwerfer

Stoßseite

Spieler

Wartet

Wartet

20

STATION 3 – Kopfseitstoß lang/kurz

Organisation:

Rundlauf in der eigenen Gruppe
Es gibt drei Positionen: Spieler, Zuwerfer, Warteposition
Ablauf: (1) Zuwerfer wirft den Ball zu, (2) Spieler stößt den Ball zurück, (3) Zuwerfer fängt den Ball, (4) lässt ihn auf dem Tisch liegen und (5) läuft zur Warteposition. (6) Spieler läuft zur Zuwerfer-Position und (1) wirft dem nächsten Spieler den Ball zu.

Aufgaben (sucht ein Level aus):

Leicht
- Zuwurf lang in Mitte des Tisches
- **Kopfseitstoß** in eine der markierten Flächen

Mittel
- Zuwurf lang in Mitte des Tisches
- **Kopfseitstoß** in eines der weißen Rechtecke

Schwer
- Zuwurf lang in Mitte des Tisches
- Zuwerfer ruft das weiße Rechteck aus, in das gestoßen werden soll (lang/kurz)

Material und Tischvorbereitung:

Ihr benötigt: Kreppband | 2 weiße Blätter
- Bitte markiert mit Kreppband ein Rechteck im vorderen und im hinteren Bereich des Tisches
- Platziert hinten rechts in der Ecke und vorne links hinter dem Netz ein weißes Blatt

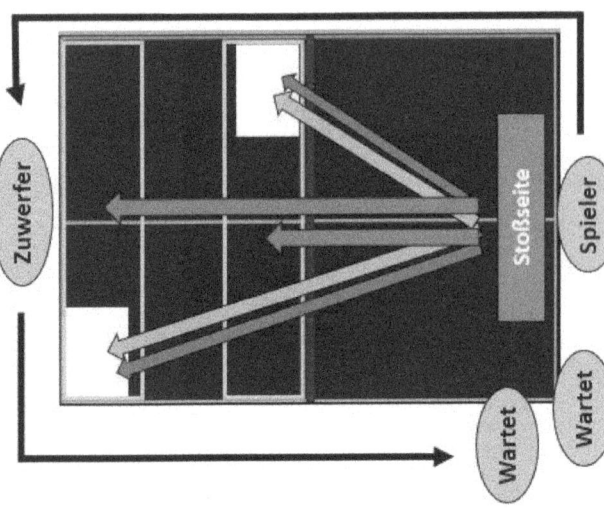

Zuwerfer

Stoßseite

Spieler

Wartet

Wartet

STATION 4 – Kopfseitstoß links/rechts

Material und Tischvorbereitung:

Ihr benötigt: Kreppband
- Bitte markiert mit Kreppband je ein Rechteck links und rechts außen im hinteren Bereich des Tisches

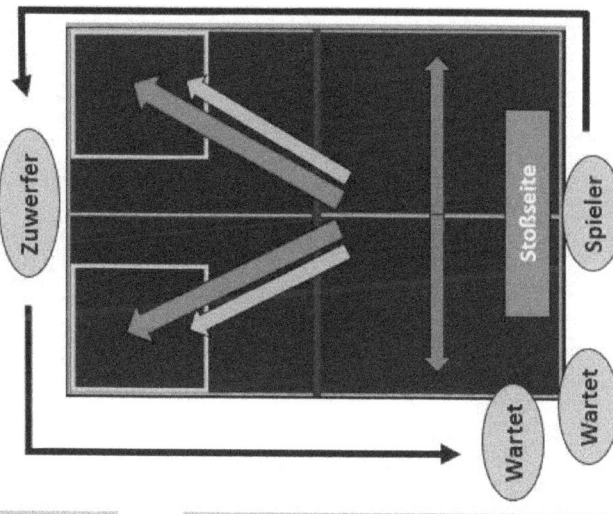

Organisation:

- **Rundlauf in der eigenen Gruppe**
- **Es gibt drei Positionen:** Spieler, Zuwerfer, Warteposition
- **Ablauf:** (1) Zuwerfer wirft den Ball zu, (2) Spieler stößt den Ball zurück, (3) Zuwerfer fängt den Ball, (4) lässt ihn auf dem Tisch liegen und (5) läuft zur Warteposition. (6) Spieler läuft zur Zuwerfer-Position und (1) wirft dem nächsten Spieler den Ball zu.

Aufgaben (sucht ein Level aus):

Leicht
- Zuwurf lang in Mitte des Tisches
- Kopfseitstoß in eine der markierten Flächen

Mittel
- Zuwurf lang in Mitte des Tisches
- Zuwerfer ruft das markierte Feld aus, in das gestoßen werden soll (links/rechts)

Schwer
- Zuwurf variiert über ganze Breite des Tisches
- Kopfseitstoß in eine der markierten Flächen

STATION 5 – Volley platzieren

Organisation:

Rundlauf in der eigenen Gruppe

Es gibt drei Positionen: Spieler, Zuwerfer, Warteposition

Ablauf: (1) Zuwerfer wirft den Ball zu, (2) Spieler stößt den Ball zurück, (3) Zuwerfer fängt den Ball, (4) lässt ihn auf dem Tisch liegen und (5) läuft zur Warteposition. (6) Spieler läuft zur Zuwerfer-Position und (1) wirft dem nächsten Spieler den Ball zu.

Aufgaben (sucht ein Level aus):

Leicht
- Zuwurf in Mitte des Tisches
- **Volleystoß** in die markierte Fläche

Mittel
- Zuwurf in Mitte des Tisches
- **Volleystoß** in eines der blauen Rechtecke

Schwer
- Zuwurf in Mitte des Tisches
- Zuwerfer ruft das Feld aus, in das gestoßen werden soll (links/mittig/rechts)

Material und Tischvorbereitung:

Ihr benötigt: Kreppband | 2 blaue Blätter
- Bitte markiert mit Kreppband ein Rechteck im mittleren, hinteren Bereich des Tisches
- Platziert auf die linke und rechte Tischecke je ein blaues Blatt

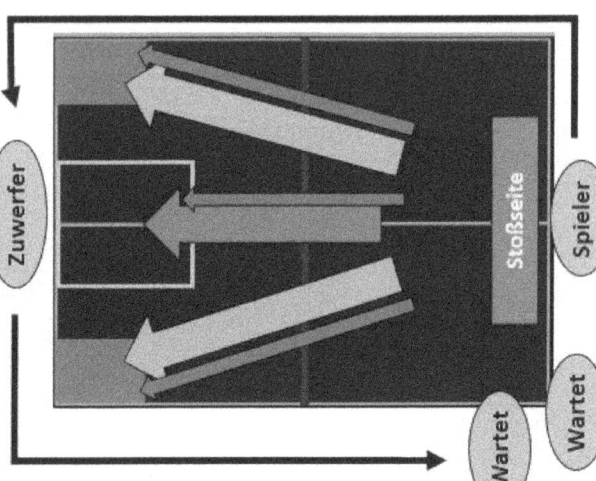

Zuwerfer

Spieler

Stoßseite

Wartet

Wartet

Anlage 8: Beobachtungsauftrag für passive SuS

Datum: 24.03.2014	Headis – Alles eine Frage der	
IU - Sport	Platzierung	

Leider kannst Du heute nicht aktiv am Sportunterricht teilnehmen.

Aus diesem Grund bekommst Du nun folgenden Beobachtungsauftrag:

1. Beobachte deine Mitschülerinnen und Mitschüler während des Stationenlernens!

2. Trage deine Beobachtungen in die Tabelle ein!

Was war das Ziel der Stationen?
Wovon hängt eine genaue Platzierung des Balles im gegnerischen Feld ab?
Was ist schwierig/wichtig?
Wann gelingt ein platzierter Stoß?

Anlage 9: Erwartungshorizont der kognitiven Phase II

Die Grafik bildet die rechte Seite des Whiteboards ab. Die Symbolkarten werden mithilfe von Magneten befestigt.

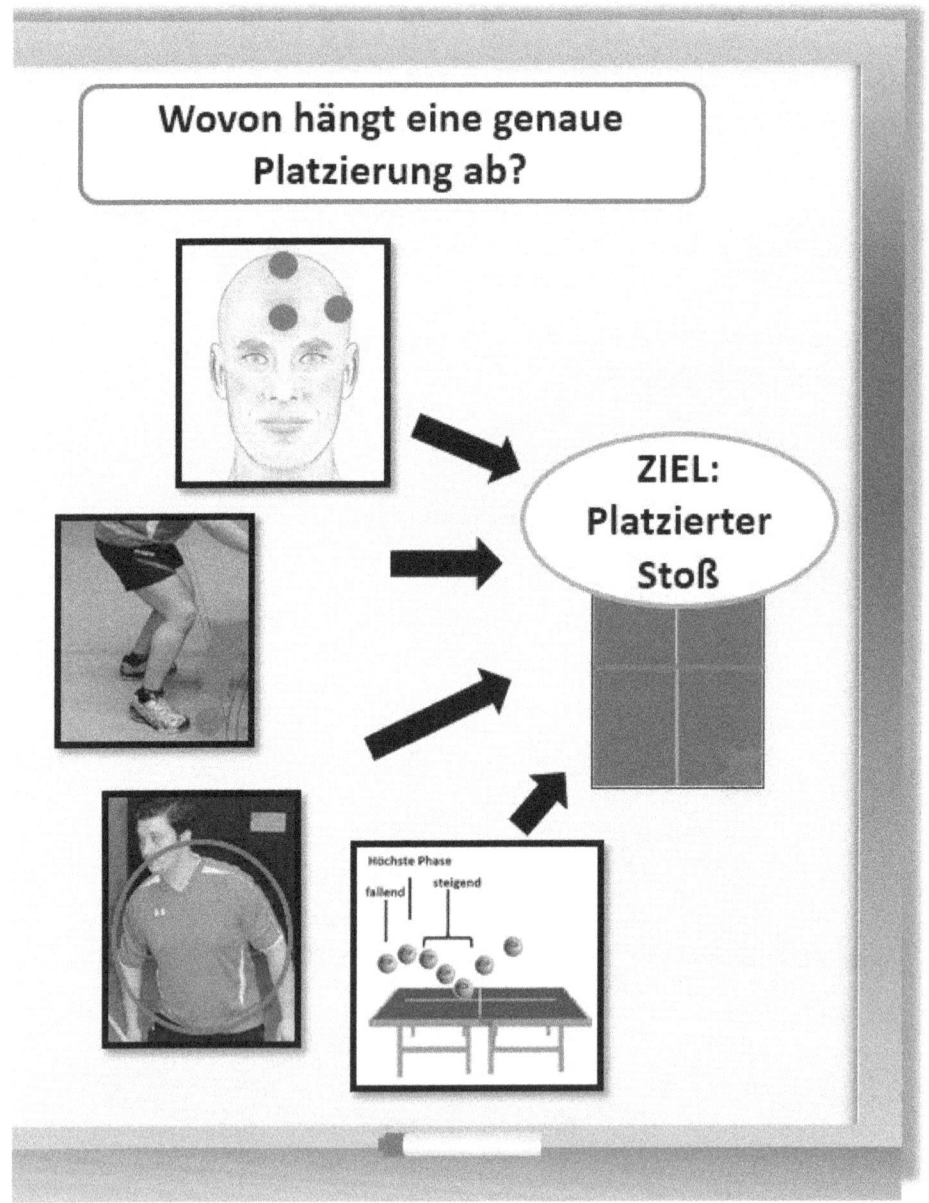

Anlage 10: Reflexionsfragen mit Erwartungshorizont

→ Na, wie ist Eure Stimmung nach der Stunde?

- Gute Stimmung, keine Überforderung und angenehm erschöpfte Atmosphäre.

→ Was meint Ihr, was Ihr in dieser letzten Stunde gelernt haben solltet?

- SoS: „Ich denke, wir haben gelernt, unsere Kopfstöße variabler anzuwenden und platzierter im gegnerischen Feld unterzubringen."

→ Was für taktische Möglichkeiten bietet uns eine genaue Platzierung der Kopfstöße nochmal?

- SoS: „Wir vermeiden nicht nur unsere eigenen Fehler, sondern können durch eine gute Platzierung den Gegner unter Druck setzen. Das bringt den Gegner dazu Fehler zu machen und wir erhalten den Punktgewinn."

→ Konntet Ihr nach Eurem gegenseitigen Feedback die Platzierung der Kopfstöße besser umsetzen?

- SoS: „Durch das Feedback haben wir unsere Fehler in der Technikausführung bemerkt und versucht zu verbessern. Dadurch gelang eine höhere Präzision der Stöße."

→ Warum ist die Beinarbeit im Headis eigentlich so wichtig?

- SoS: „ Weil der Kopfstoß aus der Beinbewegung kommt. Der Impuls und damit ein großer Teil der Kraft kommt aus den Beinen. Das ist auch für die Platzierung des Balles im gegnerischen Feld wichtig."

Abkürzung: SoS = Schülerin oder Schüler

Lightning Source UK Ltd.
Milton Keynes UK
UKHW041111300819

348826UK00002B/466/P